BEI GRIN MACHT SICH IHR WISSEN BEZAHLT

- Wir veröffentlichen Ihre Hausarbeit, Bachelor- und Masterarbeit

- Ihr eigenes eBook und Buch - weltweit in allen wichtigen Shops

- Verdienen Sie an jedem Verkauf

Jetzt bei www.GRIN.com hochladen und kostenlos publizieren

Olga Stebichow

Ursachen der Fremdenfeindlichkeit in Deutschland

GRIN Verlag

Bibliografische Information der Deutschen Nationalbibliothek:

Die Deutsche Bibliothek verzeichnet diese Publikation in der Deutschen National-
bibliografie; detaillierte bibliografische Daten sind im Internet über http://dnb.d-
nb.de/ abrufbar.

Dieses Werk sowie alle darin enthaltenen einzelnen Beiträge und Abbildungen
sind urheberrechtlich geschützt. Jede Verwertung, die nicht ausdrücklich vom
Urheberrechtsschutz zugelassen ist, bedarf der vorherigen Zustimmung des Verla-
ges. Das gilt insbesondere für Vervielfältigungen, Bearbeitungen, Übersetzungen,
Mikroverfilmungen, Auswertungen durch Datenbanken und für die Einspeicherung
und Verarbeitung in elektronische Systeme. Alle Rechte, auch die des auszugsweisen
Nachdrucks, der fotomechanischen Wiedergabe (einschließlich Mikrokopie) sowie
der Auswertung durch Datenbanken oder ähnliche Einrichtungen, vorbehalten.

Impressum:

Copyright © 2011 GRIN Verlag GmbH
Druck und Bindung: Books on Demand GmbH, Norderstedt Germany
ISBN: 978-3-656-37230-1

Dieses Buch bei GRIN:

http://www.grin.com/de/e-book/209380/ursachen-der-fremdenfeindlichkeit-in-
deutschland

GRIN - Your knowledge has value

Der GRIN Verlag publiziert seit 1998 wissenschaftliche Arbeiten von Studenten, Hochschullehrern und anderen Akademikern als eBook und gedrucktes Buch. Die Verlagswebsite www.grin.com ist die ideale Plattform zur Veröffentlichung von Hausarbeiten, Abschlussarbeiten, wissenschaftlichen Aufsätzen, Dissertationen und Fachbüchern.

Besuchen Sie uns im Internet:

http://www.grin.com/

http://www.facebook.com/grincom

http://www.twitter.com/grin_com

Katholische Hochschule Nordrhein-Westfalen

- Abteilung Paderborn -

Fachbereich Sozialwesen

Hausarbeit im Bachelor-Studiengang Soziale Arbeit

Ursachen der Fremdenfeindlichkeit in Deutschland

vorgelegt von

Olga Stebichow

im Seminar:

„Kompetenzförderung durch gemeinsames Lernen in Gruppen[(B1.10.3.1.4)]"

WiSe 2011

Inhaltsverzeichnis

Vorwort

Ende 1998 wanderten wir aus Russland nach Deutschland aus. Ziemlich schnell wurde ich mit dem Thema „Fremdenfeindlichkeit" konfrontiert. Mit wurde erklärt, dass die Einheimischen den russlanddeutschen Migranten gegenüber eher unfreundlich eingestellt sind. Seitdem beschäftigte mich die Frage, woran es wohl liegen könnte.

Als Allererstes fielen mir die feindselige Einstellung der Jugendlichen und das negative Verhalten der einheimischen Bevölkerung gegenüber auf. Die Jugendlichen waren einerseits verbittert, weil sie hier nicht akzeptiert wurden oder weil über sie schlecht gedacht wurde. Andererseits merkte ich, dass diese Jugend ihre Freiheiten negativ ausnutzte, indem sie beispielsweise in der Schule die Lehrer in ihrer Muttersprache heftig ausschimpften, was sie sich in Russland niemals(!) erlauben würden. Hier haben ja die Lehrkräfte angeblich nichts verstanden. Die Jugend verhielt sich meines Erachtens nach gerade in der Öffentlichkeit viel freizügiger, unmoralischer und war laut ihrer Aussagen sogar stolz darauf, dass die deutsche Jugendlichen und selbst die Polizei Angst vor ihnen habe.

Nach diesen Erlebnissen kam ich schnell zu meinem subjektiven Entschluss, dass es auch nichts Verwunderliches sei, wenn die Einheimischen die Migranten aus Russland nicht mit besonderer Freude empfangen können. Meine Hypothese hieß damals: „Die Russen sorgen durch ihr asoziales Verhalten selbst dafür, dass die schon existierende Vorurteile seitens der Deutschen sich noch mehr und mehr verfestigen oder sogar dafür, dass auch neue Vorurteile entstehen."

Nun gibt es heute die Möglichkeit aus wissenschaftlicher Sicht zu untersuchen, ob die Entstehung der Fremdenfeindlichkeit allein durch die Vorurteile verursacht wird und ob die Entwicklung der Vorurteile ausschließlich infolge des abweichenden Verhaltens der Einwanderer ausgelöst wird.

.

1 Einleitung

Die vorliegende Arbeit versucht der Entstehung der zu Zeit vorhandenen Fremdenfeindlichkeit in Deutschland auf die Spur zu kommen. Damit ist nicht die geschichtliche Genese das Phänomens gemeint, sondern eher die Frage, wieso diese Problematik auch heute immer noch aktuell ist. Welche Einflussfaktoren spielen dabei eine Rolle und ob die negative Erfahrung mit den Migranten die Vorurteile am meisten beeinflussen?

Bevor es zu Untersuchung nach den Ursachen der Fremdenfeindlichkeit kommt, muss zunächst das Titel-Wort „Fremdenfeindlichkeit" definiert werden. Um einen kleinen Einblick zu verschaffen, wie sich die Fremdenfeindlichkeit an sich äußert, soll auf die Formen dieses gesellschaftlichen Phänomens ebenso kurz eingegangen werden. Das nächste Kapitel stellt im Rahmen dieser Arbeit nur skizzenhaft die ausgewählten Theorien vor, die in diesem Fragen-Kontext relevanter als alle weiteren Erklärungsansätze erscheinen. Zum Schluss soll ein Fazit zur gestellten Fragen gezogen werden, das außerdem eine kritische Auseinandersetzung mit eigener Hypothese beinhaltet.

2 Definition der Fremdenfeindlichkeit

Das Forschen nach einer eindeutigen Definition wird durch verschiedene Blickrichtungen auf die Problematik und durch unterschiedlichen Ein- und Abgrenzungen des Begriffs beeinträchtigt.

Das Bundeskriminalamt versteht unter Fremdenfeindlichkeit das intolerante Verhalten den Menschen gegenüber, die scheinbar oder wirklich zu anderen kulturellen, religiösen oder ethnischen Gruppen angehören. Wird dieser Begriff nur im Strafkontext betrachtet, dann wird damit ein Verhalten gemeint, dass weitere Menschen dazu animieren, die fremden Gruppen zu hassen oder ihnen gegenüber gewalttätig zu werden (vgl. Wahl in: Rieker (Hrsg.), 2004, S. 9). Die Sicht der Sozialpädagogik beschreibt die Fremdenfeindlichkeit als diskriminierender Umgang mit Menschen, die anders aussehen, sich anders verhalten, anders glauben und somit einem fremd vorkommen (vgl. Jugert, Kabak, Notz, 2006, S. 18).

Die Abgrenzung der Zielgruppe, die als „fremd" verstanden werden soll, bezieht sich auf die Einwanderer und deren Nachkommenschaft. Das heißt, dass solche Gruppen wie Behinderte, Obdachlose, Homosexuelle oder emanzipierte Frauen in diesem Kontext nicht zu „fremden" gezählt werden sollen (vgl. Ganter, 1998, 2. Begriffliche Eingrenzungen und Abgrenzungen).

Einige Verfasser wie beispielsweise Ganter grenzen den Rassismus und Ethnozentrismus bei der Differenzierung der Fremdenfeindlichkeit ab (vgl. Ganter, 1998, 2. Begriffliche Eingrenzungen und Abgrenzungen), Kleinert stellt zusätzlich den Rechtsextremismus zur Seite (vgl. Kleinert, 2004, S. 97). Auf Begründungen dieser Abgrenzungen kann hier zwar nicht mehr eingegangen werden, einen kleinen Einwand darf jedoch hinzugefügt werden. Laut Ganter wird Ethnozentrismus im schlimmsten Fall mit Diskriminierung verknüpft (vgl. Ganter, 1998, 2. Begriffliche Eingrenzungen und Abgrenzungen). Da er unter Fremdenfeindlichkeit ebenso „ethnische Diskriminierung" (ebenda) versteht, ergibt sich da eine Widersprüchlichkeit.

3 Formen der Fremdenfeindlichkeit

Während dieser Forschungsarbeit kommen zahlreiche beschreibende oder sinnverwandte Begriffe zum Vorschein, die entweder einen direkten oder indirekten Bezug zur Fremdenfeindlichkeit haben. Die sollen demnächst nur zum Veranschaulichen aufgezählt werden, um der Leserschaft den Eindruck verschaffen zu können, wie sprachlich vielschichtig und sinngemäß fassettenreich der Begriff „Fremdenfeindlichkeit" sein kann:

- Stereotyp[1],
- Vorurteil,
- Diskriminierung,
- Rassismus,
- Xenophobie (vgl. Ganter, 1998, 2. Begriffliche Eingrenzungen und Abgrenzungen),
- Fremdenhass,
- Antisemitismus,
- Rechtsextremismus,
- rechte Gewalt,
- Ausländerfeindlichkeit,
- Ethnozentrismus (vgl. Ahlheim, 2007, S. 3-5).

Die breite Palette dieser Begriffe – die teilweise schon auf die Ursachen des Phänomens eingehen: sei es Stereotyp, Vorurteil, Xenophobie (vgl. Kleinert, 2004, S. 85) oder Ethnozentrismus – macht die Diskussion über endgültige Differenzierung des Begriffs umso schwieriger. Das Eingehen auf jeden aufgezählten Begriff würde den Rahmen dieser Arbeit sprengen. Daher bietet sich dieses Vorgehen besser in einer Bachelor-Thesis an.

Rein formal gesehen, lässt sich Fremdenfeindlichkeit in drei Formen aufteilen: nonverbale, verbale und physische Fremdenfeindlichkeit. Unter *nonverbaler* Fremdenfeindlichkeit werden negative vorurteilsreiche Einstellungen oder Reaktionen wie Furcht und Misstrauen den Fremden gegenüber verstanden. Die *verbale* Fremdenfeindlichkeit äußert sich in Bedrohungen und abwertenden Aussagen. Zur *physischen* Fremdenfeindlichkeit gehören körperliche, gewaltige Angriffe oder bloße Kontaktvermeidung (vgl. Ganter, 1998, 2. Begriffliche Eingrenzungen und Abgrenzungen).

---

[1] Auch wenn der Verfasser unter Stereotyp neutrale verallgemeinernde Sprüche versteht (wie z.B. „Die Juden sind fleißig"), kann es zur Kehrseite („Neger sind faul") kommen.

4 Ursachen der Fremdenfeindlichkeit

Dieses Themenfeld kann nach allen meinerseits vorgenommenen Forschungen im übertragenen Sinne mit einem Theorien-„Schlachtfeld" verglichen werden, auf dem sich Politiker, Soziologen, Psychologen und alle anderen Interessierten mit „Waffen" der Logik oder der empirischen Untersuchung bekämpfen. Die Anzahl der Theorien, die die Fremdenfeindlichkeit zu erklären versuchen ist so groß, dass einige „Oberkrieger"[2] ein Diskussionspodium eröffnen und alle diese Theorien nach eigenen Kriterien zum eigenen Modell zusammenfassen und einteilen. Dann wird kritisch untersucht, welche Theorien auf diesem Feld „überleben" dürfen und welche nicht. Dabei ist es zu bemerken, dass selbst diese Oberkrieger unterschiedliche Meinungen und Argumente haben und somit die unterschiedlichen Theorien „am Leben lassen".

Leider ergibt sich keine Möglichkeit aufgrund der vorgegebenen Rahmenbedingungen, diese unterschiedlichen Modelle hier vorzustellen. Daher werden nur die einzelnen Theorien in Betracht gezogen, die für die Beantwortung der untersuchten Fragen sinnvoller erscheinen.

4.1 Politik und Massenmedien

Yildiz wendet den Blick in eine Richtung, die in einer *restriktiven Zuwanderungspolitik* und in den *Massenmedien* mündet. Vor allem Medien werden laut Yildiz als Vorantreiber, die die Wahrnehmung und die Meinung des Einzelnen über die gesellschaftlichen Wirklichkeit und deren Interpretation prägen, bezeichnet (vgl. Yildiz in: Butterwege, Hentges (Hrsg.), 2006, S. 37). Diese Aussage bestätigt sich mithilfe einer empirischer Untersuchung (DJI-Jugendservey 1997), die aussagt, dass gerade die Migranten-Gruppen im negativen Licht bei den Einheimischen betrachtet werden, die letzte Zeit in den Medien besonders oft im negativen Kontext dargestellt worden sind (vgl. Kleinert, 2004, S. 155). Scheffer bejaht ebenso die negative Wirkung der Medien auf die fremdenfeindliche Einstellung der Bevölkerung mit der Argumentation, dass heutige Situation in der Medienwelt es sozusagen erzwingt, dass Berichte mit vielen Übertrei-

---

[2] damit sind Corina Kleinert und Stephan Ganter gemeint, die viele Erklärungsansätze wie aus der Vogelperspektive anschauen und diese kritisch überprüfen.

bungen, Sensationierungen und for allem Emotionalisierungen arbeiten müssen. Sobald diese Überlebensstrategien im Kontext der Migranten geschieht, wird der Tor für Fremdenfeindlichkeit geöffnet (vgl. Scheffer in: Butterwege, Hentges (Hrsg.), 2006, S. 129-132). Ganter dagegen bestreitet den starken Einfluss der Medien oder der misslungenen Politik mit dem Argument, dass dabei die Voraussetzung gegeben werden soll, dass das Volk bedingungslos manipulierbar sein müsste, was für ihn empirisch nicht belegbar ist (vgl. Ganter, 1998, 5.1 Einige Erklärungsansätze im Überblick). Es fragt sich jedoch, was in der Regimezeit Hitlers geschah, als das ganze Volk aus welchen Gründen auch immer direkt oder auch nicht mit der Rassentheorie einverstanden war? Benötigt man dafür noch eine empirische Untersuchung?

4.2 Gesellschaft und Einzelner

Kleinert sieht die *Gesellschaft* als Akteur, der den Anderen als Fremde bezeichnet und dadurch die fremdenfeindliche Einstellung bei Einzelnen bewirkt (vgl. Kleinert, 2004, S. 275). Anders sieht Feldmann-Wojtachina. Sie nennt sowohl die Gesellschaft als auch die *Einzelnen* als Schuldigen für die „Produktion" der Fremden. Da es sowieso in allen sozialen Systemen die Tendenz zur Inklusion oder Exklusion gibt, ist es auch normal, dass die Erklärung zum Fremden von der Selbstdefinition des Einzelnen und der Gesellschaft abhängt (vgl. Feldmann-Wojtachina, 2008, S. 13).

4.3 Vorurteile und ökonomische Situation

Etwas andere Perspektive nimmt Ahlheim ein, indem er für seine Erklärung die Vorurteilsstruktur, *ökonomische Situation* und Entfaltung derer in Verbindung bringt. Zunächst werden stark verwurzelte Vorurteile in die Prozesse der Erziehung und der Sozialisation mit einbezogen, die somit zur Fremdenfeindlichkeit führen. Dann sind es die Gefühle der Unsicherheit und der Bedrohung, die durch finanzielle Krisen, zu viele Anforderungen der siegreichen kapitalistischen Gesellschaft und durch Infrage-Stellung aller Bereiche im Leben eines Einzelnen entstehen. Der Wunsch, diese Belastungen auf einen „Sündenbock" (in diesem Fall der Fremde) abzulegen, führt wiederum unweigerlich zur fremdenfeindlichen Entwicklungen (vgl. Ahlheim, 2007, S. 205-206).

Zunächst scheinbar strukturelle Ursache, dass Arbeitslosigkeit die Fremdenfeindlichkeit bewirkt, wird nach einer empirischen Untersuchung (ALLBUS-
Erhebung 1996) widerlegt, denn selbst Menschen mit einem festen Arbeitsplatz
weisen deutliche fremdenfeindliche Einstellungen auf. Der Grund zur fremdenfeindlichen Einstellung liegt eher in der starken *Vorurteil*sbereitschaft. Laut Ergebnissen neigen alle Personen deutlich seltener zur Fremdenfeindlichkeit,
wenn die Vorurteilsbereitschaft bei ihnen fehlt (vgl. Ahlheim, Heger in: Ahlheim
(Hrsg.), 2007, S. 264).

4.4 Kontakthypothese

Eine interessante empirische Entdeckung findet sich in den ALLBUS-
Ergebnissen, die zwei Werte gegenüberstellen, um heraus zu finden, inwieweit
die Anzahl der Zuwanderer in einem Bundesland die Fremdenfeindlichkeit der
Einheimischen bewirkt. Anhand einer Tabelle ist es leicht erkennbar, dass je
weniger Migranten in einer Region vorhanden sind, desto stärker ist die fremdenfeindliche Einstellung den Fremden gegenüber ausgeprägt. Das würde die
Vermutung, dass die Fremdenfeindlichkeit mit den häufigen schlimmen Erlebnissen durch die Einwanderer zusammenhängen könnte, komplett untergraben
(vgl. Ahlheim, Heger in: Ahlheim, 2007, S. 246-247). Das bedeutet also auch,
dass die anfangs meinerseits formulierte Hypothese, das abweichende Verhalten der Migranten sei das Ausschlaggebende für die Abneigung seitens der
Deutschen, keinen wissenschaftlichen Fundament enthält. Diese Ergebnisse
bekräftigen jedoch die *Kontakt-Hypothese*, die besagt, dass je mehr persönliche
Erfahrung und Kontakt zwischen den verschiedenen Gruppen stattfindet, desto
weniger ist die Wahrscheinlichkeit, dass es zur Entwicklung und Verfestigung
fremdenfeindlicher Einstellungen kommt (vgl. Kleinert, 2004, S. 191).

5 Fazit

Zusammenfassend kann man die Fremdenfeindlichkeit als ein gesellschaftliches Phänomen bezeichnen, der negativen und diskriminierenden Haltungen oder Handlungen den fremden ethnischen Gruppen gegenüber beinhaltet. Diese fremdenfeindlichen Vorgehensweisen erstecken sich auf einer Palette anfangend mit den harmlosen Stereotypen bis zur rechten Gewalt bzw. Rassismus und erscheinen in nonverbaler, verbaler und physischer Form.

Beim Untersuchen nach den Ursachen, kam zum Vorschein, dass die Fremdenfeindlichkeit nicht nur durch die persönliche Vorurteile entsteht, sondern auch durch weitere Faktoren wie Einwanderungspolitik, Massenmedien, wirtschaftliche Lage, Grundtendenz zur In- und Exklusion und fehlende Kontaktmöglichkeiten. Somit wurde die erste These bestritten.

Die nächste Behauptung, dass das negative Verhalten der Zuwanderer der Hauptgrund für die Entstehung der Vorurteile seitens der Einheimischen sei, erwies sich ebenso nicht als tragfähig. Laut Untersuchungen sind sogar die Regionen Deutschlands weniger fremdenfeindlich eingestellt, wo die Anzahl der Einwanderer am größten ist. Diese Feststellung verleitet scheinbar dazu, die Kontakthypothese ernster zu nehmen und diese bei der Prävention auch umzusetzen, wie beispielsweise ein pädagogisches Training „Fit for Differences" es auch tut.

Im Enddefekt stellt es sich heraus, dass ich vor 12 Jahren selbst gegenüber meinen Landsleuten ein Vorurteil besaß, der in etwa folgenden Inhalt wiedergab: „Die *ganze* russlanddeutsche Jugend – ich natürlich ausgenommen – ist gekennzeichnet durch ihr abweichendes, arrogantes oder gewaltbereites Verhalten." Es freut mich, die Gelegenheit gehabt zu haben, sich selbst bei Vorurteilebilden zu „erwischen" und durch diese Arbeit den eigenen Erkenntnishorizont etwas erweitert zu haben.

Literaturverzeichnis

Ahlheim, K. (Hrsg.) (2007). Die Gewalt des Vorurteils. Eine Textsammlung. Reihe Politik und Bildung, Band 44. Schwalbach/Ts.: WOCHENSCHAU Verlag

Butterwegge, C.; Hentges, G. (Hrsg.) (2006) Massenmedien, Migration und Integration. Interkulturelle Studien. Herausforderungen für Journalismus und politische Bildung. 1.Aufl. Wiesbaden: VS Verlag für Sozialwissenschaften

Feldmann-Wojtachina, E. (Hrsg.) (2008). Praxishandbuch. Aktiv eintreten gegen Fremdenfeindlichkeit. Seminarbausteine zur bewussten Auseinandersetzung mit Identität und Toleranz. Schwalbach/Ts.: WOCHENSCHAU Verlag

Ganter, S. (1998) Ursachen und Formen der Fremdenfeindlichkeit in der Bundesrepublik Deutschland. Online im Internet: URL:http://www.fes.de/fulltext/asfo/00256003.htm [Stand: 2011-02-21]

Jugert, G.; Kabak, S.; Notz, P. (2006). Pädagogisches Training. Fit for Differences. Training interkultureller und sozialer Kompetenz für Jugendliche. Weinheim und München: Juventa Verlag

Kleinert, C. (2004). Fremdenfeindlichkeit. Einstellungen junger Deutscher zu Migranten. 1.Aufl. Wiesbaden: VS Verlag für Sozialwissenschaften

Rieker, P. (Hrsg.) (2004). Der frühe Vogel fängt den Wurm!? Soziales Lernen und Prävention von Rechtsextremismus und Fremdenfeindlichkeit in Kindergarten und Grundschule. Halle: Deutsches Jugendinstitut e.V.11